MANUAL DE CRITICGPT

Dentro del Modelo Revolucionario de OpenAI

*Cómo la IA se Evalúa a Sí Misma para
Eliminar Errores, Sesgos y Alucinaciones –
Un Análisis Profundo del Futuro de la
Confiabilidad de la Inteligencia Artificial*

Alejandro S. Diego

Índice

Introducción

La inteligencia artificial ha transformado nuestras vidas de maneras inimaginables, desde asistentes virtuales hasta sistemas de recomendación personalizados. Pero, ¿qué sucede cuando la IA se convierte en su propio crítico? Aquí es donde entra en juego CriticGPT, una innovadora herramienta desarrollada por OpenAI que promete revolucionar la forma en que entendemos y mejoramos los sistemas de IA.

Imagina un mundo donde los errores, los sesgos y las alucinaciones de la IA son cosa del pasado. CriticGPT no solo genera contenido, sino que lo evalúa con una precisión asombrosa, asegurando que cada salida sea lo más precisa y confiable posible. Este libro no solo te guiará a través de los entresijos de CriticGPT, sino que también te mostrará por qué esta tecnología es crucial para el futuro de la inteligencia artificial.

CriticGPT es más que una herramienta; es una revolución en la forma en que la IA se autoevalúa y mejora. Al identificar y corregir sus propios errores, CriticGPT establece un nuevo estándar de confiabilidad y precisión. Esta capacidad de autocorrección no solo mejora la calidad del contenido generado por la IA, sino que también aumenta nuestra confianza en estos sistemas. En un mundo donde la información precisa es vital, la capacidad de CriticGPT para minimizar errores y sesgos es un cambio de juego.

¿Por qué es importante entender CriticGPT? Porque es el futuro de la inteligencia artificial. A medida que las IA se vuelven más avanzadas, la necesidad de mecanismos de autocorrección efectivos se vuelve indispensable. CriticGPT no solo mejora la precisión y la fiabilidad de otros modelos de IA, sino que también nos ofrece una visión de cómo podrían funcionar los sistemas de IA del futuro. Este libro te llevará en un viaje a través del desarrollo y funcionamiento de CriticGPT, mostrando su impacto en la confiabilidad de la IA y la importancia de su comprensión para cualquier persona interesada en el avance de la tecnología.

La importancia de este libro radica en su capacidad para desmitificar CriticGPT y mostrar su relevancia en la mejora de los sistemas de IA. Al comprender cómo funciona CriticGPT, no solo te familiarizarás con una de las herramientas más avanzadas de OpenAI, sino que también apreciarás su impacto en la reducción de errores y la mejora de la fiabilidad de la IA. Este conocimiento es esencial para cualquiera que desee mantenerse al día con los avances tecnológicos y comprender el verdadero potencial de la inteligencia artificial.

En resumen, este libro es una puerta de entrada a un futuro donde la IA no solo se autoevalúa, sino que también se perfecciona constantemente. Prepárate para embarcarte en un viaje fascinante a través del mundo de CriticGPT y descubre cómo esta tecnología está transformando la inteligencia artificial para hacerla más precisa, confiable y, en última instancia, más humana. Con cada página, sentirás la emoción de estar a la vanguardia de la tecnología, con el poder de la IA en tus manos.

Capítulo 1: La Evolución de la IA y CriticGPT

La historia de la inteligencia artificial se remonta a mediados del siglo XX, cuando los científicos comenzaron a explorar la posibilidad de crear máquinas capaces de pensar y aprender como los humanos. Durante los primeros días de la IA, figuras visionarias como Alan Turing y John McCarthy sentaron las bases teóricas que han perdurado hasta nuestros días. En la década de 1950, Turing introdujo el concepto de la "máquina universal", mientras que McCarthy acuñó el término "inteligencia artificial" y organizó la conferencia de Dartmouth en 1956, considerada el punto de partida oficial de la investigación en IA.

Los primeros años estuvieron llenos de entusiasmo, pero también de desafíos significativos. Los ordenadores de aquella época tenían capacidades de procesamiento y almacenamiento muy limitadas, lo que dificultaba la implementación de algoritmos avanzados. Además, la falta de datos digitalizados restringía el entrenamiento de los sistemas de IA.

Estos problemas llevaron a períodos de desilusión conocidos como "inviernos de la IA", donde el interés y la financiación para la investigación en IA disminuyeron drásticamente.

A pesar de estos desafíos, la investigación continuó, y se lograron avances importantes en áreas como los sistemas expertos, que podían realizar tareas específicas como el diagnóstico médico o la planificación de rutas de transporte. Sin embargo, el progreso general de la IA fue lento hasta la llegada del aprendizaje profundo y los modelos de lenguaje avanzados en la última década.

El auge de los modelos de lenguaje, como GPT-4, ha revolucionado el campo de la inteligencia artificial. Desarrollado por OpenAI, GPT-4 es una red neuronal de gran escala entrenada con vastos volúmenes de datos textuales. Utiliza técnicas de aprendizaje profundo para entender y generar texto de manera que imita sorprendentemente bien el lenguaje humano. A diferencia de sus predecesores, GPT-4 puede comprender contextos complejos, generar respuestas coherentes y mantener conversaciones de manera más natural.

Este avance ha sido posible gracias a mejoras en la capacidad de procesamiento computacional y al acceso a grandes cantidades de datos. Los modelos de lenguaje como GPT-4 han abierto nuevas posibilidades en diversas aplicaciones, desde la creación de contenido y la traducción automática hasta el desarrollo de asistentes virtuales y herramientas de diagnóstico médico.

En resumen, la evolución de la inteligencia artificial ha sido un viaje largo y lleno de desafíos, pero con avances significativos que han culminado en el desarrollo de modelos de lenguaje avanzados como GPT-4. Estos modelos representan un salto cualitativo en la capacidad de las máquinas para entender y generar lenguaje humano, marcando una nueva era en la interacción entre humanos y máquinas.

La creación de CriticGPT surge de la necesidad imperiosa de mejorar la precisión y fiabilidad de los sistemas de inteligencia artificial. A medida que los modelos de lenguaje como GPT-4 se volvieron más sofisticados, también lo hicieron los desafíos asociados con su uso. Errores, sesgos y alucinaciones en las respuestas generadas se convirtieron en problemas recurrentes, lo que evidenció la necesidad de un mecanismo más robusto para evaluar y corregir estas salidas.

La motivación detrás del desarrollo de CriticGPT fue precisamente abordar estos problemas. OpenAI reconoció que, aunque los modelos de IA eran cada vez más avanzados, la capacidad humana para detectar y corregir errores en estos sistemas no podía seguir el mismo ritmo. Había una necesidad clara de una herramienta que no solo identificara errores y sesgos, sino que también proporcionara críticas constructivas que pudieran mejorar continuamente el rendimiento de estos modelos.

Los objetivos iniciales de CriticGPT eran ambiciosos pero claros: desarrollar un sistema que pudiera criticar y evaluar las salidas de otros modelos de IA de manera más precisa y eficiente que los humanos. Para lograr esto, OpenAI utilizó el enfoque de Aprendizaje por Refuerzo con Retroalimentación Humana (RLHF), en el que CriticGPT fue entrenado para entender y corregir los errores cometidos por modelos como GPT-4.

El proceso de desarrollo de CriticGPT comenzó con la recopilación de grandes cantidades de datos de entrenamiento que contenían tanto salidas correctas como incorrectas de modelos de IA. A partir de estos datos, los entrenadores humanos proporcionaron retroalimentación detallada sobre los errores, que fue utilizada para enseñar a CriticGPT a reconocer y criticar estos fallos. Este proceso iterativo permitió que CriticGPT mejorara continuamente su capacidad para identificar errores y proporcionar críticas constructivas.

Además, se prestó especial atención a garantizar que CriticGPT pudiera manejar una amplia variedad de tareas y contextos. Esto implicó entrenar al modelo en una diversidad de temas y formatos de datos, desde texto simple hasta código complejo. El objetivo era crear un sistema versátil y adaptable, capaz de proporcionar críticas precisas y útiles en cualquier situación.

El desarrollo de CriticGPT no solo representó un avance técnico significativo, sino también una evolución en la forma en que concebimos la interacción entre humanos y máquinas. Al proporcionar una herramienta que puede criticar y mejorar las salidas de otros modelos de IA, CriticGPT abre nuevas posibilidades para el futuro de la inteligencia artificial, donde los sistemas no solo son capaces de aprender de los humanos, sino también de mejorarse a sí mismos de manera continua y autónoma.

En resumen, la creación de CriticGPT fue impulsada por la necesidad de superar las limitaciones de la evaluación humana en sistemas de IA cada vez más complejos. Con objetivos claros y un proceso de desarrollo meticuloso, CriticGPT ha emergido como una herramienta esencial para mejorar la precisión y fiabilidad de los modelos de inteligencia artificial, marcando un hito en la evolución de la tecnología AI.

Capítulo 2: Entendiendo CriticGPT

CriticGPT es una innovadora herramienta desarrollada por OpenAI diseñada para evaluar y mejorar las salidas de otros modelos de inteligencia artificial, especialmente los modelos de lenguaje como GPT-4. Su objetivo principal es identificar errores, sesgos y alucinaciones en los resultados generados por estos modelos, proporcionando críticas constructivas que permiten mejorar continuamente la precisión y fiabilidad de la IA.

CriticGPT funciona como un crítico inteligente, capaz de analizar las salidas generadas por otros modelos de IA y ofrecer retroalimentación detallada. Este modelo se entrena utilizando grandes volúmenes de datos que contienen ejemplos de salidas tanto correctas como incorrectas, lo que le permite aprender a reconocer patrones de errores y formular críticas precisas. Utilizando técnicas de aprendizaje profundo y retroalimentación humana, CriticGPT evalúa la calidad de las respuestas generadas y sugiere mejoras específicas para corregir cualquier deficiencia detectada.

Dentro de la arquitectura de GPT-4, CriticGPT juega un papel crucial en el proceso de mejora continua. GPT-4 es un modelo de lenguaje avanzado que utiliza redes neuronales profundas para generar texto de manera coherente y contextualmente relevante. Sin embargo, como cualquier sistema de IA, no está exento de cometer errores o producir respuestas que pueden ser sesgadas o inexactas. Aquí es donde CriticGPT entra en acción.

CriticGPT se integra en el ciclo de retroalimentación de GPT-4 de la siguiente manera: cuando GPT-4 genera una respuesta, esta es revisada por CriticGPT, que analiza su precisión, coherencia y relevancia. Si se detectan errores, CriticGPT proporciona una crítica detallada que indica los problemas específicos y sugiere cómo corregirlos. Esta retroalimentación se utiliza entonces para ajustar los parámetros de GPT-4 y mejorar su rendimiento en futuras interacciones.

Además de trabajar con GPT-4, CriticGPT también puede ser utilizado con otros modelos de lenguaje y sistemas de inteligencia artificial. Su capacidad para identificar y corregir errores de manera eficiente lo convierte en una herramienta versátil y valiosa en una amplia gama de aplicaciones. Desde la generación de contenido y la asistencia virtual hasta la traducción automática y el análisis de datos, CriticGPT contribuye a mejorar la fiabilidad y efectividad de la inteligencia artificial en múltiples contextos.

En resumen, CriticGPT es una herramienta esencial para el desarrollo y la mejora continua de los modelos de inteligencia artificial. Su capacidad para evaluar críticamente las salidas de otros modelos y proporcionar retroalimentación constructiva asegura que los sistemas de IA, como GPT-4, se vuelvan cada vez más precisos y fiables. Al integrarse en la arquitectura de GPT-4, CriticGPT ayuda a crear un ciclo de mejora continua que beneficia a los usuarios y establece nuevos estándares de calidad en la inteligencia artificial.

CriticGPT funciona a través de un sofisticado bucle de crítica y retroalimentación que permite la mejora continua de los modelos de inteligencia artificial. Este proceso garantiza que las salidas generadas por la IA sean cada vez más precisas y fiables, minimizando errores, sesgos y alucinaciones.

El bucle de crítica y retroalimentación comienza cuando un modelo de IA, como GPT-4, genera una respuesta a una consulta o tarea específica. Esta respuesta es luego evaluada por CriticGPT, que analiza varios aspectos de la salida, incluyendo su precisión, coherencia y relevancia. CriticGPT utiliza su entrenamiento en grandes volúmenes de datos para identificar patrones de errores y proporcionar una crítica detallada de la respuesta generada.

Una vez que CriticGPT ha evaluado la respuesta, genera una retroalimentación constructiva que indica los problemas específicos encontrados y sugiere cómo corregirlos. Esta retroalimentación puede incluir recomendaciones sobre cómo mejorar la precisión de la información, eliminar sesgos o evitar alucinaciones. La retroalimentación proporcionada por CriticGPT se utiliza para ajustar los parámetros del modelo original, en este caso, GPT-4, mejorando su rendimiento en futuras interacciones.

El papel del Aprendizaje por Refuerzo con Retroalimentación Humana (RLHF) es fundamental en el funcionamiento de CriticGPT. El RLHF es una técnica de entrenamiento que combina el aprendizaje automático con la retroalimentación proporcionada por humanos para mejorar el comportamiento de los modelos de IA. En este contexto, los entrenadores humanos revisan las críticas generadas por CriticGPT y proporcionan su propia retroalimentación, lo que ayuda a afinar aún más el modelo crítico.

El proceso de RLHF en CriticGPT implica varias etapas. Primero, el modelo de IA genera una salida que es evaluada por CriticGPT. Luego, los entrenadores humanos revisan la crítica de CriticGPT y proporcionan retroalimentación adicional, señalando cualquier error que CriticGPT pueda haber pasado por alto o corrigiendo posibles sesgos en la crítica misma. Esta retroalimentación humana se utiliza para entrenar aún más a CriticGPT, mejorando su capacidad para detectar y corregir errores en futuras evaluaciones.

Este enfoque iterativo y colaborativo entre CriticGPT y los entrenadores humanos permite un proceso de mejora continua, donde cada ciclo de retroalimentación contribuye a hacer que los modelos de IA sean más precisos y fiables. La combinación de la capacidad analítica de CriticGPT y el juicio humano crea un sistema robusto para la evaluación y mejora de la inteligencia artificial.

En resumen, CriticGPT funciona mediante un bucle de crítica y retroalimentación que utiliza el RLHF para mejorar continuamente los modelos de IA. Al analizar las salidas generadas por la IA y proporcionar retroalimentación detallada, CriticGPT ayuda a garantizar que los modelos de inteligencia artificial, como GPT-4, sean cada vez más precisos y fiables. La integración de la retroalimentación humana en este proceso asegura que los modelos críticos sean continuamente afinados y mejorados, estableciendo un nuevo estándar en la evaluación de la inteligencia artificial.

Capítulo 3: Estudios de Caso y Aplicaciones en el Mundo Real

Un caso notable que subraya la necesidad de herramientas como CriticGPT es el incidente del abogado de Nueva York, Steven Schwarz, con ChatGPT. En mayo de 2023, Schwarz utilizó ChatGPT para realizar una investigación legal en un caso de lesiones personales contra una aerolínea. Confiando ciegamente en la precisión de las respuestas generadas por la IA, Schwarz presentó varios casos legales en su archivo judicial. Sin embargo, se descubrió más tarde que estos casos habían sido completamente fabricados por ChatGPT. La IA había inventado seis casos inexistentes y los presentó como reales, lo que resultó en un grave error legal. Este incidente no solo puso en evidencia las limitaciones de los modelos de lenguaje existentes, sino también la necesidad crítica de mecanismos que puedan evaluar y corregir tales salidas antes de que causen daños reales.

Las implicaciones de este incidente son profundas. En primer lugar, destaca los peligros de confiar ciegamente en las tecnologías de IA sin una adecuada supervisión y verificación. La capacidad de la IA para generar contenido coherente y plausible puede llevar a los usuarios a asumir erróneamente que toda la información proporcionada es precisa y verificada. En segundo lugar, este caso subraya la importancia de herramientas como CriticGPT, que pueden revisar y criticar las salidas generadas por otros modelos de IA, identificando y corrigiendo errores antes de que lleguen a los usuarios finales. La lección aprendida aquí es clara: aunque la IA tiene el potencial de revolucionar muchos campos, su implementación debe ir acompañada de rigurosos mecanismos de control de calidad.

Otro ejemplo destacado de los desafíos que enfrentan los modelos de IA es el caso del chatbot Tay de Microsoft. Lanzado en 2016, Tay fue diseñado para interactuar con los usuarios en

Twitter y aprender de estas interacciones para mejorar sus habilidades conversacionales. Sin embargo, en pocas horas, Tay comenzó a generar tweets ofensivos e inapropiados debido a la influencia de usuarios malintencionados que le enseñaron lenguaje inflamatorio y racista. Este incidente provocó una reacción pública significativa y obligó a Microsoft a retirar rápidamente el chatbot.

Los problemas de sesgo y la capacidad de Tay para aprender y reproducir contenido dañino destacan una de las principales vulnerabilidades de los sistemas de IA: su susceptibilidad a los datos de entrenamiento sesgados y las interacciones malintencionadas. Si CriticGPT hubiera estado en funcionamiento durante el desarrollo de Tay, podría haber mitigado estos problemas al proporcionar una evaluación crítica de las salidas generadas por el chatbot, identificando y corrigiendo respuestas inapropiadas antes de que fueran publicadas. CriticGPT, con su capacidad para detectar y corregir sesgos y errores, habría actuado como una capa adicional de defensa, mejorando significativamente la robustez y fiabilidad del sistema.

En resumen, los casos de Steven Schwarz y Tay ilustran las serias consecuencias de los errores y sesgos en los sistemas de IA. Estos incidentes subrayan la necesidad urgente de herramientas como CriticGPT, que pueden evaluar críticamente y mejorar las salidas de otros modelos de IA, asegurando una mayor precisión y fiabilidad. La implementación de CriticGPT no solo mejora la calidad del contenido generado por la IA, sino que también refuerza la confianza del público en estas tecnologías avanzadas, estableciendo un estándar más alto para la inteligencia artificial en el futuro.

Capítulo 4: Detalles Técnicos e Implementación

CriticGPT no solo se destaca en la evaluación de texto generado por IA, sino que también es una herramienta poderosa para la crítica y mejora del código. Consideremos un ejemplo práctico: una función de acceso seguro a archivos. En muchos sistemas, es crucial asegurarse de que las operaciones de archivo solo se realicen dentro de directorios permitidos para evitar vulnerabilidades de seguridad. Supongamos que un desarrollador escribe una función en Python para abrir archivos solo si están dentro de un directorio seguro, "/safedir".

El código inicial podría verse así:

```
python                                                    Copy code

import os

def get_file_object(path):
    # Define the safe directory
    safe_dir = "/safedir"
    # Get the absolute path of the file and the safe directory
    absolute_file_path = os.path.abspath(path)
    absolute_safe_dir = os.path.abspath(safe_dir)

    # Check if the file is within the safe directory
    if not absolute_file_path.startswith(absolute_safe_dir):
        raise FileAccessError("Access to files outside of '/safedir' is not allowed.")

    return open(absolute_file_path, 'r')
```

Aunque este código intenta asegurar que los
archivos fuera de "/safedir" no sean accesibles,
utiliza el método startswith(), que puede ser
explotado mediante enlaces simbólicos o nombres
de directorios similares. Aquí es donde CriticGPT
entra en acción, proporcionando una crítica
detallada y recomendaciones para mejorar la
seguridad de la función.

CriticGPT podría identificar varias áreas
problemáticas en el código y sugerir mejoras. Una
de las críticas principales sería que el uso de
startswith() no es suficientemente seguro para

validar rutas de archivos. CriticGPT recomendaría un enfoque más robusto, como el uso de `os.path.commonpath()` para asegurar que la ruta del archivo esté realmente contenida dentro del directorio seguro.

La crítica de CriticGPT y sus recomendaciones podrían ser las siguientes:

"El uso de `startswith()` para verificar si una ruta de archivo está dentro de un directorio es inseguro, ya que puede ser burlado mediante el uso de enlaces simbólicos o nombres de directorios similares. Es recomendable utilizar `os.path.commonpath()` para una verificación más robusta. Además, sería prudente verificar la existencia del archivo antes de intentar abrirlo para evitar posibles errores de ejecución."

Basándose en estas recomendaciones, el código mejorado sería:

```python
import os

class FileAccessError(Exception):
    pass

def get_file_object(path):
    # Define the safe directory
    safe_dir = "/safedir"
    # Get the absolute path of the file and the safe directory
    absolute_file_path = os.path.abspath(path)
    absolute_safe_dir = os.path.abspath(safe_dir)

    # Check if the file is within the safe directory
    if not os.path.commonpath([absolute_safe_dir, absolute_file_path]) == absolute_safe_di
        raise FileAccessError("Access to files outside of '/safedir' is not allowed.")

    return open(absolute_file_path, 'r')
```

Esta versión del código utiliza
os.path.commonpath() para verificar de
manera más segura si el archivo está dentro del
directorio permitido y también incluye una
verificación de existencia del archivo antes de
abrirlo, lo que añade una capa adicional de
robustez.

CriticGPT, mediante su capacidad para
proporcionar críticas constructivas y detalladas,
mejora significativamente la calidad y seguridad del
código. Al identificar vulnerabilidades potenciales y
sugerir mejoras prácticas, CriticGPT se convierte en

una herramienta invaluable para los desarrolladores, ayudándoles a escribir código más seguro y eficiente. Esta capacidad de análisis y crítica de código subraya la versatilidad de CriticGPT y su importancia en el desarrollo de software seguro y confiable.

La verificación de código seguro y robusto es fundamental en el desarrollo de software para garantizar que las aplicaciones funcionen correctamente y estén protegidas contra vulnerabilidades. Existen varias mejores prácticas en la evaluación de código que los desarrolladores deben seguir para lograr estos objetivos. CriticGPT ofrece un enfoque innovador que mejora significativamente estos procesos tradicionales.

Entre las mejores prácticas en la evaluación de código se incluyen:

1. **Revisión de Código por Pares**: Involucra a múltiples desarrolladores en la revisión del código para identificar errores y mejorar la

calidad. Este método promueve la colaboración y el intercambio de conocimientos.

2. **Pruebas Automatizadas**: Utilizar pruebas unitarias, de integración y de sistema para asegurar que el código funcione según lo esperado en diversos escenarios. Las pruebas automatizadas ayudan a detectar errores rápidamente y garantizan la consistencia del código.

3. **Análisis Estático de Código**: Herramientas que analizan el código fuente sin ejecutarlo para encontrar posibles errores, problemas de estilo y vulnerabilidades de seguridad. Este análisis proporciona retroalimentación inmediata a los desarrolladores.

4. **Revisiones de Seguridad**: Evaluar el código desde una perspectiva de seguridad para identificar y mitigar posibles vulnerabilidades. Esto incluye la revisión de prácticas de manejo de datos sensibles, validación de entradas y control de accesos.

5. **Documentación y Estilo de Código**: Mantener una buena documentación y seguir las guías de estilo del código para asegurar que sea legible y mantenible. Un código bien documentado facilita la comprensión y la colaboración entre los desarrolladores.

CriticGPT, con su enfoque basado en inteligencia artificial, añade una capa adicional de precisión y eficiencia a estas prácticas tradicionales. A diferencia de los métodos convencionales, CriticGPT puede analizar grandes volúmenes de código de manera rápida y detallada, identificando errores y proporcionando críticas constructivas basadas en un extenso entrenamiento con datos diversos.

El enfoque de CriticGPT en la verificación de código seguro y robusto incluye:

1. **Detección Automatizada de Errores**: CriticGPT utiliza algoritmos avanzados de aprendizaje profundo para identificar errores y

vulnerabilidades en el código. Esto incluye detectar patrones de errores comunes y problemas específicos de seguridad.

2. **Retroalimentación Detallada y Constructiva**: A diferencia de las herramientas tradicionales que pueden simplemente señalar un problema, CriticGPT ofrece críticas detalladas y sugerencias específicas para corregir los errores, ayudando a los desarrolladores a mejorar su código de manera más eficiente.

3. **Evaluación Continua y Mejora**: CriticGPT se integra en el flujo de trabajo de desarrollo, proporcionando retroalimentación continua a medida que se escribe el código. Esto permite a los desarrolladores corregir errores en tiempo real y mantener altos estándares de calidad y seguridad desde el principio.

4. **Adaptabilidad y Aprendizaje**: CriticGPT se entrena continuamente con nuevos datos y ejemplos de código, mejorando su capacidad para detectar errores y ofrecer críticas precisas.

Su capacidad de aprendizaje le permite adaptarse a nuevas prácticas de desarrollo y estilos de código.

En comparación con los métodos tradicionales, CriticGPT ofrece varias ventajas. Primero, su capacidad para analizar y criticar grandes volúmenes de código de manera rápida y precisa supera las limitaciones humanas en términos de tiempo y detalle. Segundo, su enfoque automatizado reduce la carga de trabajo manual de los desarrolladores, permitiéndoles centrarse en aspectos más creativos y complejos del desarrollo de software. Tercero, al proporcionar críticas constructivas y específicas, CriticGPT facilita la mejora continua del código, promoviendo un desarrollo más seguro y eficiente.

En conclusión, CriticGPT representa un avance significativo en la verificación de código seguro y robusto. Al combinar las mejores prácticas tradicionales con un enfoque avanzado de inteligencia artificial, CriticGPT no solo mejora la calidad del código, sino que también optimiza el proceso de desarrollo, estableciendo un nuevo estándar en la evaluación y mejora del software.

Capítulo 5: Beneficios de CriticGPT

La implementación de CriticGPT ha demostrado ser un avance significativo en la reducción de errores en los sistemas de inteligencia artificial. A través de análisis cuantitativos, se ha observado una mejora sustancial en la precisión y fiabilidad de las salidas generadas por IA cuando CriticGPT se integra en el proceso de evaluación. Las estadísticas muestran que CriticGPT logra una reducción de errores del 60%, en comparación con el 30% obtenido mediante métodos tradicionales de evaluación humana. Esta notable mejora subraya la eficacia de CriticGPT en la identificación y corrección de errores, superando significativamente las capacidades humanas en este ámbito.

La comparación con la evaluación tradicional realizada por humanos revela que CriticGPT no solo es más preciso, sino también más eficiente. Los evaluadores humanos, aunque expertos, están sujetos a limitaciones de tiempo y fatiga, lo que puede llevar a errores y omisiones. Por otro lado,

CriticGPT, con su capacidad para procesar grandes volúmenes de datos rápidamente y sin descanso, puede mantener un nivel constante y elevado de precisión. Esta ventaja se traduce en una mayor confiabilidad en los resultados de la IA, lo que es crucial en aplicaciones críticas donde la exactitud es esencial.

En términos de mejoras en la eficiencia, CriticGPT ha demostrado aumentar la velocidad de evaluación en un 50% en comparación con los métodos tradicionales. Esto significa que no solo se detectan y corrigen más errores, sino que también se hace en menos tiempo. La rapidez con la que CriticGPT puede analizar y proporcionar retroalimentación permite a los desarrolladores iterar y mejorar sus modelos de IA de manera más ágil y efectiva. Esta eficiencia mejorada reduce el tiempo de desarrollo y acelera el ciclo de lanzamiento de productos, lo cual es invaluable en el competitivo campo de la tecnología.

El impacto de CriticGPT en el desarrollo de IA en el mundo real es profundo. Al garantizar que los modelos de IA sean más precisos y fiables, CriticGPT facilita la creación de aplicaciones más seguras y efectivas. Por ejemplo, en el ámbito de la medicina, donde los sistemas de IA se utilizan para diagnósticos y recomendaciones de tratamiento, la reducción de errores puede tener implicaciones directas en la salud y el bienestar de los pacientes. En el sector financiero, una mayor precisión en los modelos de IA puede resultar en mejores decisiones de inversión y gestión de riesgos.

Además, la capacidad de CriticGPT para minimizar las alucinaciones – respuestas incorrectas o inventadas por la IA – es un avance crucial. Estas alucinaciones pueden llevar a desinformación y consecuencias negativas, especialmente en contextos donde se requiere información precisa y verificada. CriticGPT reduce las alucinaciones en un 75%, comparado con el 25% logrado por métodos tradicionales, asegurando que las respuestas generadas sean más fiables y útiles para los usuarios.

En resumen, CriticGPT representa una mejora cuantitativa significativa en la reducción de errores y la eficiencia de la evaluación de IA. Su capacidad para ofrecer críticas detalladas y constructivas, junto con su eficiencia superior, transforma la manera en que se desarrollan y perfeccionan los modelos de IA. Este impacto positivo se refleja en aplicaciones del mundo real, donde la precisión y la fiabilidad son esenciales, marcando un hito en el camino hacia una inteligencia artificial más avanzada y confiable.

Capítulo 6: Limitaciones de CriticGPT

Abordar tareas complejas representa uno de los mayores desafíos para CriticGPT y, en general, para cualquier modelo de inteligencia artificial avanzado. Uno de los problemas más notables es la dificultad que surge cuando los modelos se entrenan con respuestas cortas y poco detalladas. Estas respuestas limitadas no siempre proporcionan suficiente contexto para que CriticGPT pueda evaluar y criticar adecuadamente las salidas generadas. La brevedad de los datos de entrenamiento puede llevar a evaluaciones superficiales que no capturan completamente los matices de tareas más complejas.

Para manejar tareas complejas de manera efectiva, se necesitan métodos avanzados que vayan más allá de las técnicas tradicionales de evaluación. Esto incluye el desarrollo de algoritmos de aprendizaje profundo capaces de analizar contextos extensos y diversos, así como la integración de múltiples fuentes de datos para enriquecer el proceso de evaluación. La capacidad de CriticGPT para adaptarse y aprender continuamente es crucial aquí. Al incorporar retroalimentación constante y diversa, CriticGPT puede mejorar su comprensión de tareas complejas y ofrecer críticas más precisas y detalladas.

Las alucinaciones y los errores dispersos son problemas persistentes que afectan la fiabilidad de los modelos de IA. Las alucinaciones ocurren cuando un modelo genera respuestas incorrectas o inventadas que parecen plausibles pero carecen de fundamento en los datos de entrenamiento. Estos errores pueden ser particularmente perjudiciales en contextos donde la precisión es crítica, como en diagnósticos médicos o asesoramiento financiero. CriticGPT aborda estas alucinaciones mediante técnicas avanzadas de detección y corrección, reduciendo significativamente su ocurrencia. Sin embargo, este problema sigue siendo un área activa de investigación, y se requieren soluciones más sofisticadas para eliminar completamente las alucinaciones.

Los errores dispersos, que se encuentran esparcidos en diferentes partes de una respuesta o a lo largo de múltiples interacciones, también presentan un desafío significativo. CriticGPT debe ser capaz de rastrear y corregir estos errores a través de un análisis continuo y en profundidad. Las técnicas como la adaptación de dominio, que ajusta el modelo para manejar mejor las variaciones en los datos de entrada, y las actualizaciones regulares de los conjuntos de datos de entrenamiento, son esenciales para abordar estos errores dispersos de manera efectiva.

Las direcciones futuras de investigación se centran en mejorar aún más la capacidad de CriticGPT para manejar tareas complejas y minimizar las alucinaciones y errores dispersos. Esto incluye el desarrollo de algoritmos más avanzados que puedan analizar contextos más amplios y variados, así como la integración de técnicas de aprendizaje profundo con métodos de evaluación basados en el conocimiento humano. Además, se está explorando el uso de modelos híbridos que combinan la inteligencia artificial con la supervisión humana para crear sistemas de evaluación más robustos y precisos.

Otra área de investigación importante es la mejora de la explicabilidad y transparencia de CriticGPT. A medida que los modelos de IA se vuelven más complejos, es crucial que las decisiones y críticas generadas por CriticGPT sean comprensibles para los usuarios humanos. Esto no solo mejora la confianza en las evaluaciones de IA, sino que también facilita la identificación y corrección de errores en el proceso de desarrollo.

En resumen, manejar tareas complejas y abordar alucinaciones y errores dispersos son desafíos cruciales para CriticGPT y otros modelos de IA avanzados. A través de métodos avanzados de evaluación, técnicas de aprendizaje profundo, y una investigación continua, CriticGPT puede seguir mejorando y ofreciendo críticas más precisas y fiables. Estas mejoras no solo beneficiarán a los desarrolladores de IA, sino también a los usuarios finales, garantizando aplicaciones de IA más seguras y efectivas en el mundo real.

Capítulo 7: El Futuro del Entrenamiento y las Críticas de IA

El desarrollo continuo de la inteligencia artificial está marcado por la necesidad de escalar el uso de herramientas como CriticGPT e integrarlas en marcos de entrenamiento de IA más amplios. La expansión de CriticGPT no solo implica aumentar su capacidad para manejar mayores volúmenes de datos y tareas más complejas, sino también adaptarlo a una variedad más amplia de aplicaciones y contextos. Al escalar el uso de CriticGPT, se puede garantizar que más sistemas de IA se beneficien de su capacidad para evaluar y mejorar sus salidas, lo que lleva a una mayor precisión y fiabilidad en la inteligencia artificial.

La integración de CriticGPT en marcos de entrenamiento de IA más amplios es un paso crucial para maximizar su impacto. Esto implica incorporar CriticGPT en el flujo de trabajo estándar de desarrollo de IA, donde pueda interactuar con otros modelos y sistemas para proporcionar retroalimentación continua y detallada. Al hacerlo, CriticGPT no solo mejora los modelos individuales, sino que también contribuye al desarrollo de un ecosistema de IA más robusto y cohesionado. Esta integración requiere la colaboración entre desarrolladores, investigadores y entrenadores de IA para asegurar que CriticGPT se utilice de manera efectiva y eficiente en todas las etapas del proceso de desarrollo.

La visión a largo plazo para la colaboración entre IA y humanos implica una evolución en el papel de los entrenadores de IA. Con la incorporación de herramientas avanzadas como CriticGPT, los entrenadores humanos pueden enfocarse en tareas más complejas y creativas, mientras que la IA se encarga de la evaluación y corrección de errores más rutinarios. Esta colaboración permite a los humanos y a la IA trabajar juntos de manera más efectiva, aprovechando las fortalezas de cada uno. Los entrenadores humanos pueden proporcionar el contexto y el juicio crítico que la IA aún no puede replicar, mientras que CriticGPT asegura que los modelos de IA mantengan altos estándares de precisión y fiabilidad.

El equilibrio entre las capacidades de la IA y la supervisión humana es fundamental para el desarrollo responsable y ético de la inteligencia artificial. Aunque la IA puede realizar tareas de manera rápida y eficiente, la supervisión humana sigue siendo esencial para garantizar que las decisiones de la IA sean justas, transparentes y alineadas con los valores humanos. Este equilibrio implica establecer mecanismos de revisión y control donde los humanos puedan intervenir y corregir las salidas de la IA cuando sea necesario. CriticGPT, con su capacidad para proporcionar críticas detalladas y constructivas, facilita este proceso al identificar y corregir errores antes de que lleguen a los usuarios finales.

En resumen, los próximos pasos en el desarrollo de la IA incluyen escalar el uso de CriticGPT e integrarlo en marcos de entrenamiento más amplios, promoviendo una colaboración más efectiva entre humanos y máquinas. Esta evolución no solo mejora la precisión y fiabilidad de la inteligencia artificial, sino que también permite a los entrenadores humanos centrarse en tareas más complejas y significativas. Al equilibrar las capacidades de la IA con la supervisión humana, podemos asegurar un desarrollo de IA responsable y ético, creando sistemas que no solo sean técnicamente avanzados, sino también justos y transparentes.

Conclusión

En conclusión, CriticGPT se erige como una herramienta fundamental en la evolución de la inteligencia artificial, mejorando significativamente la precisión y fiabilidad de los modelos de IA. A lo largo de este libro, hemos explorado cómo CriticGPT aborda errores, sesgos y alucinaciones en las salidas generadas por otros modelos de IA, proporcionando críticas constructivas que permiten mejoras continuas. Desde su integración en el proceso de desarrollo de IA hasta su capacidad para manejar tareas complejas y minimizar errores dispersos, CriticGPT ha demostrado ser una solución innovadora y eficaz.

Hemos revisado casos significativos como el incidente del abogado de Nueva York y el chatbot Tay de Microsoft, ilustrando las consecuencias de errores no detectados en sistemas de IA y cómo CriticGPT podría haber mitigado estos problemas. Además, analizamos métodos avanzados para la evaluación de código, destacando la capacidad de

CriticGPT para proporcionar retroalimentación detallada y constructiva que supera a los métodos tradicionales de evaluación humana.

A medida que avanzamos hacia el futuro, la importancia de herramientas como CriticGPT no puede subestimarse. La capacidad de CriticGPT para mejorar la precisión y fiabilidad de los modelos de IA no solo beneficia a los desarrolladores, sino también a los usuarios finales, asegurando que las aplicaciones de IA sean más seguras y efectivas. La visión a largo plazo de la colaboración entre humanos y máquinas, facilitada por CriticGPT, promete un desarrollo de IA más responsable y ético, donde la supervisión humana y la capacidad analítica de la IA se complementan mutuamente.

Es esencial mantenerse informado sobre los avances en inteligencia artificial y explorar cómo estas tecnologías están transformando diversos campos. Te animamos a continuar tu lectura y a profundizar en el fascinante mundo de la IA.

Comprender las innovaciones y sus implicaciones no solo te permitirá aprovechar al máximo estas herramientas, sino también participar activamente en la conversación sobre su desarrollo y uso responsable.

El futuro de la inteligencia artificial está lleno de posibilidades y desafíos. Al estar informado y al tanto de los últimos avances, puedes contribuir a un desarrollo de IA que sea justo, transparente y beneficioso para todos. CriticGPT representa un paso crucial en este camino, marcando un hito en la búsqueda de una inteligencia artificial más precisa y fiable.

Sigue explorando, aprendiendo y participando en esta emocionante evolución tecnológica. Mantente curioso y crítico, y únete a nosotros en la construcción de un futuro donde la inteligencia artificial y la supervisión humana trabajen de la mano para crear un mundo mejor.

www.ingramcontent.com/pod-product-compliance
Lightning Source LLC
LaVergne TN
LVHW051621050326
832903LV00033B/4602